Inhalt

Diversifizierung - Unternehmen stellen sich strategisch neu auf

Kernthesen

Beitrag

Fallbeispiele

Weiterführende Literatur

Impressum

GENIOS WirtschaftsWissen Nr. 06 vom 20.06.2011

Diversifizierung - Unternehmen stellen sich strategisch neu auf

Michaela Dengl

Kernthesen

- Risikokonzentrationen hatten nicht zuletzt während der letzten Wirtschafts- und Finanzkrise in vielen Fällen verheerende Folgen.
- Aktuelle Studien bestätigen, dass eine gut durchdachte Diversifizierungsstrategie zu einem dauerhaften Unternehmenserfolg beiträgt.
- Um positive Diversifikationseffekte zu erzielen kommt es nicht darauf an, das Unternehmen um jeden Preis zu vergrößern, sondern sinnvoll und zukunftsträchtig zu investieren.

Beitrag

Richtige Diversifikationsstrategie sichert langfristigen Unternehmenserfolg

Die Globalisierung und immer wiederkehrende Wirtschaftskrisen erfordern von Unternehmen, sich an ein ständig änderndes Umfeld erfolgreich anzupassen. Risikokonzentrationen hatten nicht zuletzt während der letzten Wirtschafts- und Finanzkrise in vielen Fällen verheerende Folgen und wurde beispielsweise als eine der häufigsten Ursachen für Schieflagen von Kreditinstituten angesehen. Stärker diversifizierte Banken erwiesen sich als wesentlich krisenresistenter, bei den Großbanken vor allem die mit einer starken internationalen Diversifikation. Eine Studie der University of Bath School of Management (Großbritannien) hat nun mehr als 100 Jahre alte, herausragende Unternehmen mit weniger erfolgreichen Firmen verglichen und kam zum Schluss, dass fünf Prinzipien zu einem langfristigen Erfolg führen. Neben der Effizienz, der Fähigkeit begangene Fehler nicht zu wiederholen, einer eher konservativen Finanzpolitik und der Berücksichtigung der eigenen Unternehmenskultur, gehört demnach die Diversifikation als ein wichtiger Faktor zu diesen fünf Prinzipien. Die Studie hat gezeigt, dass langfristig erfolgreiche Unternehmen Diversifizierung "in Maßen" und zum richtigen Zeitpunkt betreiben. Diese Strategie sorgt dafür, dass kontinuierlich neue Kunden und auch Zulieferer akquiriert werden. Als Beispiel für gelungene Diversifikationsstrategien könnte der Versicherungskonzern Allianz dienen. Dessen Erfolg basiert mittlerweile auf einer breiten Kundenbasis. 1890 begann das Unternehmen allerdings als reiner Transportversicherer, der sein Geschäft jedoch dank hoher Gewinne rechtzeitig erweiterte. Es folgten die Unfallversicherung und zehn Jahre später der Einstieg in die Industrieversicherung. Diese bedachte Diversifizierungsstrategie wurde kontinuierlich weiterverfolgt. Heute ist der Allianz-Konzern Branchenführer. (1) , (10), (13)

Diversifikation fordert Management

Um positive Diversifikationseffekte zu erzielen kommt es nicht darauf an, das Unternehmen um jeden Preis zu vergrößern, sondern sinnvoll und zukunftsträchtig zu investieren. Wichtig für eine funktionierende Diversifizierungsstrategie und damit das Erreichen positiver Diversifikationseffekte ist ein erfolgreiches Management über unterschiedliche Geschäftsbereiche hinweg, die oft unabhängig voneinander agieren. Dies erhöht natürlich den Managementaufwand, ist aber unabdingbar damit "negative" Effekte im Sinne einer Erhöhung des Gesamtrisikos vermieden werden. Eine erfolgreiche Diversifizierungsstrategie impliziert neben der Investition in neue Bereiche auch den Verkauf überflüssiger Segmente. Besonders positive Diversifikationseffekte lassen sich oftmals erzielen, wenn es gelingt Sektoren zu finden, die mit den Ausgangssektoren möglichst wenig korrelieren. Im Zuge der Globalisierung ist dies häufig auch eine geographische beziehungsweise internationale Diversifizierung. Allerdings ist gerade ein neuer Markt nicht immer hinreichend transparent. Darüber hinaus erhöht ein breiteres oder tieferes Produktportfolio immer auch die Komplexität interner Prozesse und es gilt das Risiko einer Kannibalisierung bestehender Angebote abzuschätzen. Bevor eine Diversifizierungsstrategie als beschlossen gilt, müssen daher oft längerfristige Analysen von Marktpositionen, Wettbewerbsumfeld und Wachstumsoptionen vorausgehen. Ohne blind auf Kennzahlen zu vertrauen, macht es im Zuge dessen durchaus Sinn, die Entscheidung durch geeignete Risikoanalyse-Verfahren, beispielsweise Value-at-Risk-Modelle, zu untermauern oder durch komplexitätsfokussierte Produktionsmodelle die Zusammenhänge zu analysieren. (5), (10), (11), (12)

Trends

Digitale Diversifikation noch lange nicht abgeschlossen

Digitalisierung ist heute die treibende Kraft für fast alle Marktveränderungen. Unternehmen in unterschiedlichen Branchen, wie beispielsweise in der Verlagswelt, stehen derzeit vor der schwierigen Aufgabe strategische Stoßrichtungen im Hinblick auf eine digitale Diversifizierung ihrer Produkte festzulegen. Für einige ist dies in erste Linie der Versuch einer digitalen Transformation des bestehenden Geschäfts, für viele Unternehmen bedeutet dies aber auch eine komplette Diversifikation in Aktivitäten, die kaum noch mit ihren bisherigen Kernkompetenzen zu tun haben. Durch einen digitalen Ausbau soll das Angebotsspektrum für bestehende Kundengruppen erweitert werden, gleichzeitig erhofft man sich neue Zielgruppen zu erschließen. (9), (11)

Fallbeispiele

Branchenführer als Vorreiter für Diversifizierung

Bayer, als ein führendes Unternehmen aus der Pharmabranche, setzt auf Diversifizierung und unterteilt seinen Geschäftsbereich Gesundheit nun zusätzlich in Pharma- und rezeptfreie Gesundheitsprodukte. Dadurch ist der Konzern breiter aufgestellt und Krisen besser gewachsen. Auch der Pharma- und Diagnostikkonzern Roche überdenkt sein Geschäftsmodell und möchte vor allem im Bereich Medikamente Diversifizierung durchsetzen. In der Stahlbranche setzt der Konzern Thyssen-Krupp ebenfalls auf Diversifizierung. Ziel der neuen Unternehmensstrategie ist es ein breit aufgestellter Industriekonzern zu werden. Zu einer typischen Diversifizierungsstrategie gehört neben dem Verkauf überflüssiger Segmente, auch die Investition in neue Bereiche. Thyssen-Krupp gibt Geschäftsbereiche wie Edelstahl und einen Teil der Autozulieferung auf und investiert mehrere Milliarden Euro in gewinnbringende Bereiche wie die Forschung und Entwicklung von Zukunftstechnologien. Natürlich wird auch in ausländische, wachstumsstarke und zukunftsträchtige Märkte investiert. (2), (3), (4)

Geox setzt auf Diversifizierung

Der Schuhhersteller Geox möchte den Anteil von Bekleidung am Umsatz von aktuell 15 Prozent auf fünfzig Prozent steigern. Ziel ist es, in den nächsten fünf bis sechs Jahren, den Umsatz durch Diversifizierung in diesem Bereich zu verdoppeln. Dass der Schritt in die richtige Richtung geht, zeigt dass sich der Ordereingang für die Frühjahr/Sommer-Kollektion 2011 im Bereich Bekleidung weltweit bereits um zwanzig Prozent gesteigert hat, in Deutschland sogar um bis zu 50 Prozent. (7)

sht mit Diversifizierung erfolgreich

Dank der Übernahme von i4 Transportation GmbH & Co. KG ist sievert handel transporte in das intermodale Transportgeschäft eingestiegen. Damit möchte sich das Unternehmen von der Konkurrenz abgrenzen und setzt gleichzeitig auf internationale Expansion und Angebotsdiversifizierung, um weiterhin im Baustoffgeschäft erfolgreich zu sein. Für das Geschäft bedeutet dies, dass sht zukünftig neben

Silo- und Planenverkehren auf der Straße auch intermodale Door-to-Door-Verkehre anbieten kann. Außerdem konnte durch den Zukauf der Jahresumsatz um etwa 20 Millionen Euro auf circa hundert Millionen Euro gesteigert werden. Teil der neuen Geschäftsstrategie ist zudem, die Konzentration auf ausländische Märkte. (8)

Deutscher Fachverlag auf Wachstumskurs

Der Deutsche Fachverlag will sich nicht mehr nur auf die Printmedien konzentrieren. Digitalisierung, Diversifizierung, Internationalisierung und eine professionelle Markenführung gehören zu den zentralen Wachstumsfeldern. Hierfür hat der dfv beispielsweise in den Online- und Veranstaltungsbereich investiert. Im Veranstaltungsgeschäft und durch die Organisation von Kongressen und Seminaren erzielte der dfv 2010 einen Umsatz von rund 11 Millionen Euro. (9)

Telefonica - dank Diversifizierung zum positiven Umsatztrend

Der spanische TelekommunikationskonzernTelefonica

setzt auf geographische Diversifizierung und ist damit sehr erfolgreich. Die stark ausgeprägte internationale Ausrichtung konnte das schwache Inlandsgeschäft wettmachen und die Zahlen belegen diesen Trend. Auf dem Heimatmarkt sank der Umsatz des Konzerns um etwa sechs Prozent. Die guten Umsatzzahlen konnten nur durch die starke internationale Diversifizierung erzielt werden, Telefonica macht mittlerweile 71 Prozent seines Umsatzes außerhalb Spaniens. (5), (6)

Weiterführende Literatur

(1) Krieg, Inflation und Fortschritt sind beherrschbar
aus Frankfurter Allgemeine Zeitung, 18.04.2011, Nr. 91, S. 12

(2) Ablauf der Schonzeit
aus HandelsZeitung vom 01.06.2011, S. 8

(3) Bayer ist erstmals bereit für Fusion unter Gleichen
aus Handelsblatt online vom 04.05.2011, 13:13:41

(4) Thyssen-Krupp soll stärker diversifiziert werden
aus Frankfurter Allgemeine Zeitung, 14.05.2011, Nr. 112, S. 17

(5) Telefónica verdient in Lateinamerika
aus Neue Zürcher Zeitung 14.05.2011, Nr. 112, S. 35

(6) Telefónica geographische Diversifizierung von

Vorteil
aus Neue Zürcher Zeitung 14.05.2011, Nr. 112, S. 35

(7) Geox setzt auf Bekleidung
aus TextilWirtschaft 09 vom 03.03.2011 Seite 045

(8) Sht ist nun mehrgleisig unterwegs
aus DVZ, Nr. BTLO vom 10.05.2011

(9) dfv wächst mit Internet und Kongressen
aus afz - allgemeine fleischer zeitung Nr. 13 vom 30.03.2011 Seite 002

(10) Systematische und idiosynkratische Risiken VaR-Dekomposition und Diversifikationseffekte Quellenverzeichnis sowie weiterführende Literaturhinweise:
aus RISIKO MANAGER Nr. 09 vom 28.04.2011

(11) "Die Zukunft sieht nicht rosig aus"
aus Der Kontakter Nr. 13SH vom 24.03.2011, S. 30

(12) Komplexitätsmanagement als Grundlage wandlungsfähiger Produktionssysteme Leitbilder, Prinzipien und Werkzeuge
aus Industrie Management, Nr. 3, 2011, 77-81

(13) Fokussieren und Kosten sparen
aus SCHWEIZER BANK Nr. 01 vom Januar 2010 Seite 22

Impressum

Diversifizierung - Unternehmen stellen sich strategisch neu auf

Bibliografische Information der deutschen Nationalbibliothek

Die Deutsche Nationalbibliothek verzeichnet diese Publikation in der deutschen Nationalbibliografie; detaillierte bibliografische Daten sind im Internet über http://dnb.d-nb.de abrufbar.

ISBN: 978-3-7379-1276-1

© 2015 GBI-Genios Deutsche Wirtschaftsdatenbank GmbH, Freischützstraße 96, 81927 München, www.genios.de

Alle Rechte vorbehalten. Dieses Werk ist einschließlich aller seiner Teile – z.B. Texte, Tabellen und Grafiken - urheberrechtlich geschützt. Jede Verwertung außerhalb der Grenzen des Urheberrechtsgesetzes bedarf der vorherigen Zustimmung des Verlags. Dies gilt insbesondere auch für auszugsweise Nachdrucke, fotomechanische Vervielfältigungen (Fotokopie/Mikroskopie), Übersetzungen, Auswertungen durch Datenbanken oder ähnliche Einrichtungen und die Einspeicherung und Verarbeitung in elektronischen Systemen.